Un semplice suggerimento per il reddito passivo

Patrizio Greece

SOMMARIO

Titlepage 3

Copyright 4

Introduzione 5

Capitolo 1: Comprendere il reddito passivo 8

Capitolo 2: Le possibilità del reddito passivo 11

Capitolo 3: Scrivere un eBook 15

Capitolo 4: Marketing dei prodotti di affiliazione 26

Capitolo 5: Altri metodi di reddito passivo 37

Conclusione 49

UN SEMPLICE SUGGERIMENTO PER IL REDDITO PASSIVO

La tua guida completa per creare più flussi di reddito

DI

PATRIZIO GREECE

Copyright ©2024 di Patrizio Greece

Tutti i diritti riservati ai sensi di tutte le convenzioni sul copyright.

Nessuna parte di questo libro può essere riprodotta, archiviata in un sistema di recupero o trasmessa con qualsiasi mezzo, elettronico, meccanico, fotocopiatrice, registrazione o altro, senza il permesso scritto dell'editore.

Avviso di esclusione della responsabilità:

Si prega di notare che le informazioni contenute in questo documento sono solo a scopo didattico.

È stato fatto ogni tentativo per fornire informazioni complete accurate, aggiornate e affidabili; non sono espresse o implicite garanzie di alcun tipo. I lettori riconoscono che l'autore non è impegnato a fornire consulenza legale, finanziaria o professionale.

Leggendo qualsiasi documento, il lettore accetta che in nessuna circostanza saremo responsabili per eventuali perdite, dirette o indirette, subite a seguito dell'uso delle informazioni contenute in questo documento, inclusi ma non limitati a errori, omissioni o inesattezze .

Introduzione

Sogni di raggiungere la vera libertà finanziaria? Vuoi più tempo da trascorrere con la famiglia e gli amici o per fare le cose che ami?

Il denaro rende facili alcuni aspetti della vita. Rende possibile fare cose di cui non potremmo fare a meno. Tutti noi potremmo usare più soldi di quelli che abbiamo. Per molti di noi, può sembrare che l'unico modo per ottenerlo sia dedicare più ore al lavoro di quanto già facciamo. Ci sentiamo limitati in termini di ciò che possiamo guadagnare. Accettare un secondo (o terzo) lavoro è faticoso da pensare, ma molte persone fanno esattamente questo nel tentativo di liberarsi dai debiti e guadagnare un buon reddito.

C'è un vecchio adagio che dice che nessuno desidererebbe mai, sul letto di morte, di aver passato più tempo a lavorare. Qualunque cosa guadagni durante la tua vita – e per quanto tempo dedichi a guadagnarla – non puoi portarla con te quando la tua vita sarà finita.

Lavorare più ore e sottrarre tempo alle persone e alle cose che ami non è la risposta. La vera risposta è trovare modi per fare soldi che siano affidabili e costanti e che non richiedano di passare la vita a lavorare così duramente da non avere il tempo di annusare le rose.

Cosa imparerai in questo libro

E se potessi guadagnare denaro mentre dormi o mentre trascorri del tempo di qualità con la tua famiglia e i tuoi amici? Lo scopo di questo libro è aiutarti a fare esattamente questo. Potrebbe sembrare troppo bello per essere vero, ma ti prometto che non lo è. Il segreto per raggiungere questo obiettivo è conoscere un tipo di reddito chiamato reddito passivo.

Nel primo capitolo tratterò le basi del reddito passivo. Che cos'è e in cosa differisce dal reddito che guadagni svolgendo un lavoro dalle 9 alle 5? Ti fornirò le definizioni di base di reddito attivo e passivo in modo che tu capisca la differenza e perché nel lungo periodo il reddito passivo è preferibile al reddito attivo. Spiegherò anche perché è così importante creare più fonti di reddito passivo se si desidera raggiungere la vera libertà finanziaria.

Il secondo capitolo approfondirà un po' i vantaggi e i rischi del reddito passivo. Qualsiasi strategia di reddito, non importa quanto allettante o affidabile possa sembrare, comporta qualche rischio. Ciò è inevitabile ed è importante comprendere tali rischi prima di andare avanti. A mio parere, i vantaggi di guadagnare un reddito passivo superano di gran lunga i rischi. Tuttavia, devi prendere questa decisione da solo e le informazioni contenute in questo capitolo ti aiuteranno a farlo. Ti fornirò anche una panoramica dei miei metodi preferiti per guadagnare un reddito passivo, che esplorerò in modo più approfondito nei prossimi capitoli.

Nel terzo capitolo parlerò di uno dei miei metodi di reddito passivo preferiti: scrivere un eBook. Potrebbe sembrare un compito arduo scrivere un libro, ma ti darò i miei migliori consigli su come portarlo a termine. Parleremo della decisione di scrivere il libro da soli, nonché della possibilità di assumere un ghostwriter professionista che lo faccia per te. Includerò suggerimenti per assumere un ghostwriter e come trovare un designer per creare una copertina avvincente per il tuo libro. Tratterò anche il processo di formattazione del tuo libro per la vendita sul Negozio Kindle, scrivendo una descrizione del libro che aiuterà il tuo libro a vendere e caricando il libro utilizzando Amazon KDP. Infine, ti dirò come commercializzare il tuo libro utilizzando siti Web specializzati, social media e altro ancora.

Nel quarto capitolo parlerò in dettaglio del marketing dei prodotti di affiliazione. I prodotti di affiliazione sono spesso la prima cosa che provano le persone nuove all'idea di guadagnare soldi online, eppure spesso falliscono. Ti aiuterò a comprendere il processo, iniziando con la scelta di una nicchia e la ricerca della concorrenza, oltre a darti consigli su come scegliere i migliori prodotti di affiliazione per garantirti un flusso di reddito passivo. Successivamente, ti dirò come configurare un sito web utilizzando WordPress e come ottimizzare il tuo sito in modo che si posizioni in alto su Google. Infine, ti darò alcuni suggerimenti per ottenere backlink di qualità per aumentare il tuo posizionamento e ti dirò come commercializzare i tuoi prodotti sui social media.

Il quinto capitolo copre diversi altri metodi per guadagnare reddito passivo. Scrivere eBook e vendere prodotti di affiliazione sono i miei metodi preferiti, quindi li ho trattati in modo molto approfondito perché sono le mie aree di competenza. Tuttavia, voglio che tu sappia che esistono molti altri metodi che puoi utilizzare per guadagnare un reddito passivo. In questo ultimo capitolo tratterò numerosi metodi, tra cui:

- Come concettualizzare, creare e vendere un'app mobile. Le app mobili sono più popolari che mai. Anche se trovare un'idea per un'app eccezionale non è facile, ti darò alcuni suggerimenti su come realizzarla.
- Come impostare e monetizzare un canale YouTube, comprese informazioni sulla creazione e promozione dei tuoi video e sull'utilizzo di YouTube per migliorare la tua SEO.
- Come creare e vendere un corso online nella tua area di competenza. Se ritieni di avere la conoscenza e la passione per insegnare qualcosa agli altri, il tempo e lo sforzo necessari per creare un corso potrebbero valerne la pena. Ti darò anche alcune informazioni su dove e come vendere il tuo corso.
- Come concettualizzare e creare il proprio prodotto. Vendere prodotti di affiliazione è facile e vendere il proprio prodotto è un modo per portare ciò che si impara dal marketing di affiliazione a un livello superiore. Quando crei un ottimo prodotto, puoi trarne un profitto significativo. Spiegherò anche i vantaggi di impostare il tuo programma per consentire agli affiliati di fare il marketing per te.
- I siti di recensioni di prodotti di nicchia sono molto popolari e ti spiegherò come sfruttare le tue competenze di marketing di affiliazione e utilizzarle in modo diverso esaminando e confrontando i prodotti all'interno di una nicchia.

Quando avrai finito di leggere questo libro, avrai tutte le informazioni di cui hai bisogno per iniziare a costruire molteplici flussi di reddito passivo e sarai sulla buona strada verso la vera libertà finanziaria.

Cominciamo.

Capitolo 1: Comprendere il reddito passivo

Il primo passo è capire cos'è il reddito passivo e in cosa differisce dal tipo di reddito che guadagni svolgendo un lavoro a ore o salariato. Le differenze sono fondamentali perché indicano la strada verso la libertà finanziaria. Se vuoi essere il capo di te stesso e il padrone del tuo destino, il reddito passivo è il modo per farlo.

Le differenze tra reddito attivo e passivo

Anche se usi un termine diverso per descriverlo, sai già cos'è il reddito attivo. Il reddito attivo è il tipo di reddito che richiede di impegnarsi attivamente nel lavoro per un determinato periodo di tempo prima di guadagnarlo. Ad esempio, se hai un lavoro che ti paga a ore, riceverai denaro solo per le ore in cui lavori, giusto? Questo è un reddito attivo perché la tua attività è richiesta su base costante se vuoi guadagnarti da vivere.

Lo stesso vale per un lavoro in cui guadagni uno stipendio. Ci si aspetta che tu svolga determinati lavori in cambio del tuo stipendio. Devi presentarti al lavoro in orario, lavorare un determinato numero di ore e completare i compiti che fanno parte della descrizione del tuo lavoro per guadagnare il tuo stipendio. Potrebbe anche esserti richiesto di lavorare ore aggiuntive senza retribuzione aggiuntiva se sei un dipendente con status di esenzione.

Infine, anche il lavoro freelance è considerato reddito attivo. I lavoratori freelance vengono pagati solo per il lavoro che svolgono. Se si ammalano e non riescono a portare a termine un compito o un lavoro, non guadagnano nulla.

Ora confrontiamolo con il reddito passivo. Il reddito passivo è un reddito che potrebbe richiedere del lavoro per essere creato. Tuttavia, una volta stabilito un flusso di reddito passivo, spesso è necessaria solo una manutenzione minima per mantenere il flusso di denaro.

Diamo un'occhiata a un semplice esempio. Se scrivi un eBook, devi dedicare tempo ed energie a scriverlo. Devi assumere un editore e qualcuno che disegni la copertina del libro e dovrai assicurarti che sia nel formato corretto per essere venduto su Amazon. Tuttavia, una volta che il libro sarà completato e sarà in vendita sul sito web di Amazon, guadagnerai denaro ogni volta che qualcuno lo acquisterà. Questo è ciò che rende passivo il reddito. Se qualcuno ne acquista una copia mentre sei in vacanza o dormi, guadagni comunque dei soldi.

Spero che tu stia iniziando a capire perché il reddito passivo è la risposta per raggiungere la libertà finanziaria. Invece di aggiungere più ore alla tua giornata lavorativa, il reddito passivo può consentirti di lavorare meno ore e comunque di guadagnarti da vivere.

Perché il reddito passivo è importante

Ora parliamo del perché avere fonti di reddito passivo è così importante. La persona media non guadagnerà uno stipendio enorme. È vero, poche persone selezionate guadagnano salari enormi come amministratori delegati o in altre posizioni dirigenziali di alto livello. Altri potrebbero essere consulenti molto richiesti che possono addebitare tariffe orarie enormi. Per la maggior parte di noi, tuttavia, il potenziale di reddito non è enorme. Siamo limitati dalla nostra istruzione, esperienza e dal numero di ore che possiamo dedicare fisicamente (e mentalmente) al lavoro.

Il reddito passivo apre possibilità che altrimenti non esisterebbero. Ci consente di guadagnare denaro in modi che non richiedono ore di impegno aggiuntivo su base continuativa – e questo è enorme. Se scopri che lavorare per molte ore significa avere solo una quantità limitata di tempo con la tua famiglia – o che stai perdendo opportunità di fare ciò che ami – allora il reddito passivo può fare la differenza.

Il reddito passivo è importante perché è il tipo di reddito che può facilmente integrare il tuo reddito attivo e, alla fine, potrebbe persino sostituirlo. I tuoi guadagni con reddito attivo sono limitati in base al numero di ore di lavoro, nonché a fattori come la tua istruzione e la tua storia lavorativa. Non esistono limitazioni di questo tipo sul reddito passivo. Ne hai il controllo completo, il che significa che nessuno può limitarlo. Il fatto che tu possa guadagnarteli mentre dormi, giochi con i tuoi figli o sul campo da golf significa che hai la libertà di fare ciò che vuoi con il tuo tempo.

Come puoi vedere, il reddito passivo differisce in modo significativo dal reddito attivo. Il denaro è denaro, ma il denaro che guadagni dai flussi di reddito passivo è il tipo di denaro che può liberarti dalla routine quotidiana e permetterti di perseguire le cose che sono più importanti per te.

Nel prossimo capitolo parleremo dei vantaggi e dei rischi del reddito passivo in modo più dettagliato in modo che tu sappia cosa aspettarti mentre lavori per creare flussi di reddito passivo.

Capitolo 2: Le possibilità del reddito passivo

Prima di condividere con te i modi migliori per guadagnare un reddito passivo, voglio dedicare alcune pagine per esaminare i vantaggi e i rischi del reddito passivo. La verità è che nessuna forma di reddito è priva di rischi. Anche se fossi abbastanza fortunato da ereditare una grande quantità di denaro, investirlo comporterebbe qualche rischio. E' così che funziona la vita.

Abbiamo già accennato ad alcuni dei vantaggi del reddito passivo, ma esaminiamoli in modo un po' più approfondito:

1. Il reddito passivo può portare alla libertà finanziaria. Quando guadagni un reddito passivo, puoi guadagnarlo a qualsiasi ora del giorno o della notte e da qualsiasi parte del mondo. Non è necessario essere vincolati a un particolare lavoro o programma. Una volta impostati i flussi di reddito passivo, il denaro fluirà sul tuo conto.
2. Non c'è limite al reddito passivo. Non c'è nulla che ti impedisca di creare un centinaio di diversi flussi di reddito passivo se scegli di farlo. Puoi dedicare tutto il tempo che desideri per stabilire flussi di reddito passivo e, una volta impostati, puoi sederti e raccogliere i soldi. Non sei limitato dal numero di ore che lavori.
3. Il reddito passivo può provenire da diverse fonti, il che significa che puoi scegliere le opzioni che più ti attraggono. Non sei limitato o obbligato a svolgere un lavoro che davvero non ti piace. Hai la possibilità di scegliere il lavoro che ami.
4. Puoi essere il capo di te stesso. Quando imposti flussi di reddito passivo, non devi rispondere a nessun altro oltre a te stesso. Puoi decidere quando lavorare e quando non lavorare. Sei tu a impostare i tuoi orari e puoi decidere il modo migliore di fare le cose senza interferenze da parte di nessun altro.

A mio parere, questi sono ottimi vantaggi – e una ragione sufficiente per dedicare tempo ed energia alla creazione di flussi di reddito passivo. Tuttavia, ci sono anche alcuni rischi e preoccupazioni da affrontare.

1. La creazione di flussi di reddito passivo richiede tempo e impegno. Potrebbe essere forte la tentazione di considerare i flussi di reddito passivo come facili e che richiedono poco lavoro. Tuttavia, questa è una visione eccessivamente semplicistica e può portare a malintesi in futuro. Non commettere errori. Dovrai dedicare una notevole quantità di tempo – e probabilmente anche investire del denaro – se vuoi che i tuoi flussi di reddito passivo siano attivi e fluenti. Tutto il reddito passivo è attivo all'inizio.

2. I flussi di reddito passivo non crescono dall'oggi al domani. Anche se ti impegni molto, potrebbe volerci un po' di tempo prima che il reddito passivo diventi un flusso. In effetti, potrebbe sembrare più una serie di gocciolamenti insignificanti che un vero flusso. Devi essere preparato all'eventualità che ci vorrà del tempo per far fluire le cose. Questo è uno dei motivi per cui consiglio di iniziare a impostare i tuoi flussi passivi prima di lasciare il tuo lavoro quotidiano.

3. È necessario diversificare per garantire che il denaro affluisca in ogni momento. Un unico flusso di reddito passivo non sarà sufficiente per aiutarti a raggiungere la sicurezza e la libertà finanziaria. Il pericolo è che il tuo flusso possa prosciugarsi, lasciandoti senza alcun reddito. Il modo migliore per superare questo particolare rischio è impostare più flussi di reddito in modo che, anche se una fonte rallenta, ne avrai altre che continueranno a portarti denaro.

4. Il reddito passivo può essere troppo passivo per alcune persone. È molto raro che una persona si senta appassionata e soddisfatta riguardo a flussi di reddito che richiedono poco o nessun lavoro. Qualunque cosa tu scelga di fare, probabilmente è meglio combinare un lavoro attivo che ti appaga e ti soddisfa, anche se non paga molto, con flussi di reddito passivo che ti aiutano a guadagnare denaro.

A mio avviso, i vantaggi derivanti dalla creazione di flussi di reddito passivo superano di gran lunga i rischi. Il reddito passivo, come ho detto, inizia in modo attivo. Finché sei pronto a fare il lavoro per far fluire questi flussi, il reddito passivo potrebbe essere il modo migliore per raggiungere la libertà finanziaria.

Strategie comprovate di reddito passivo

Come ho accennato nell'introduzione, i prossimi tre capitoli tratteranno in modo approfondito alcune delle mie strategie di reddito passivo preferite. Esistono molti modi diversi per guadagnare un reddito passivo e certamente non è necessario limitarsi ai metodi di cui parlo qui. Tuttavia, questi metodi sono, a mio avviso, tra i più affidabili e facili da ottenere.

Ecco una rapida panoramica in modo da sapere cosa aspettarsi nei prossimi capitoli.

- Scrivere un eBook è il primo metodo che tratterò. Molte persone sono intimidite dall'idea di scrivere un eBook perché non si considerano scrittori. Tratterò l'argomento in modo molto approfondito e spiegherò come scrivere un libro con relativa facilità e commercializzarlo in modo efficace. Un eBook ben scritto può facilmente farti guadagnare un reddito per il resto della tua vita.
- Il marketing dei prodotti di affiliazione è il secondo argomento che tratterò. I prodotti di affiliazione tendono ad avere una cattiva reputazione perché molte persone cercano di commercializzarli e non guadagnano denaro. Il motivo per cui non riescono a guadagnare denaro non è perché il marketing di affiliazione è negativo, ma perché non lo fanno nel modo giusto. Ti dirò come scegliere i migliori prodotti e come impostare i tuoi flussi di entrate in modo che richiedano poco lavoro continuo da parte tua.
- La creazione di un'app mobile è un altro modo popolare per creare reddito passivo. Ci sono molte app là fuori, ma se riesci a crearne una unica, puoi venderla per anni senza dover fare alcun lavoro aggiuntivo. Non è nemmeno necessario essere un programmatore per creare un'app.
- YouTube è uno dei siti web più trafficati al mondo e un'ottima fonte di reddito passivo se sai come usarlo. Spiegherò come impostare un canale YouTube, ti darò consigli per creare video e ti dirò come monetizzare e pubblicizzare i tuoi video.
- Creare un corso online è in un certo senso la più laboriosa tra tutte le opzioni disponibili, ma è anche un ottimo modo per guadagnare un reddito passivo significativo. Ti darò consigli per scegliere un argomento, creare un corso, stabilire un prezzo e commercializzare il tuo corso.

- Nel caso in cui il marketing di affiliazione non sia sufficiente per te, parlerò dei vantaggi di creare il proprio prodotto da vendere e di come impostare i propri programmi di affiliazione.
- I siti di recensioni e confronti di prodotti sono molto popolari e ti darò alcuni suggerimenti su come portare il marketing di affiliazione a un nuovo livello.

I prossimi tre capitoli approfondiranno questi argomenti in modo da fornirti tutti gli strumenti necessari per fare ciò che devi fare. Non è necessario utilizzare tutti questi metodi per raggiungere la libertà finanziaria. Quello che ti consiglio è di leggere tutto e di iniziare per primo con il metodo che più ti attrae. Una volta svolto il lavoro necessario per stabilire un flusso di reddito passivo, puoi scegliere un altro metodo o ripetere il primo. È certamente possibile guadagnare denaro scrivendo più eBook o creando una serie di siti Web affiliati.

La cosa più importante da ricordare è che non vuoi mettere tutte le tue uova finanziarie nello stesso paniere. Lo scopo di avere un reddito passivo è che vuoi poter trascorrere il tuo tempo facendo le cose che ami. Se disponi di più flussi di reddito, non avrà un impatto significativo su di te se un flusso improvvisamente rallenta o si prosciuga. La vera libertà finanziaria significa che non devi fare affidamento su un'unica fonte di reddito.

Capitolo 3: Scrivere un eBook

Voglio iniziare con uno dei miei metodi preferiti per guadagnare un reddito passivo, scrivendo un eBook. Un tempo pubblicare un libro richiedeva un grande sforzo. Gli scrittori dovevano prima scrivere il libro – o scrivere una proposta di libro dettagliata. Quindi hanno dovuto inviare lettere di interrogazione ad agenti ed editori nella speranza che ciò che avevano scritto avrebbe avuto risonanza con qualcuno. Anche convincere un agente di libri a leggere la tua lettera è stata una dura battaglia. La maggior parte degli agenti fu inondata da migliaia di lettere di aspiranti autori. Perché un autore venisse notato erano necessari sia fortuna che talento.

Penso che sia importante essere onesti riguardo alla quantità di lavoro necessaria per scrivere e pubblicare un eBook. Il reddito passivo non inizia passivo. Devi impegnarti in anticipo. Una volta stabilito, il flusso di reddito diventa passivo. Se decidi di scrivere un eBook da solo, potrebbero essere necessari mesi per completare la scrittura, a seconda della tua velocità e capacità di scrittura. Anche se assumi un ghostwriter, il processo può richiedere del tempo e richiederà una certa riflessione e impegno da parte tua.

Trovare una nicchia per il tuo eBook

Cominciamo con il primo passo molto importante: scegliere una nicchia per il tuo eBook. Se hai intenzione di scrivere il libro da solo, probabilmente è meglio scegliere una nicchia e un argomento che ti interessa e di cui hai una certa conoscenza. Ovviamente puoi ricercare qualsiasi argomento tu voglia, ma se vuoi sembrare autorevole e fare un ottimo lavoro, il processo sarà più semplice se scegli un argomento che conosci rispetto a quanto lo sarebbe se partissi da zero.

Se hai avuto una lunga carriera in un particolare settore – e possiedi alcune credenziali per sostenere la tua autorità – allora ha molto senso scegliere una nicchia in cui la tua esperienza professionale e la tua autorità possano aiutarti a scrivere e commercializzare il tuo libro. È molto più probabile che le persone comprino e leggano un libro da qualcuno che percepiscono come un'autorità piuttosto che da qualcuno che non ha autorità. Quando sfrutti i tuoi punti di forza, aumenti le possibilità che il tuo libro si trasformi in un flusso costante di entrate passive.

Una cosa che può essere utile in termini di scelta di un argomento di nicchia è iniziare con un argomento generale e guardare le sotto-nicchie elencate nel negozio Amazon Kindle. Quando accedi al Kindle Store e scorri verso il basso, vedrai un elenco di categorie generali sul lato sinistro della pagina. Scegli un argomento da quell'elenco e sotto di esso vedrai un elenco di sottocategorie o nicchie. Tali sottocategorie potrebbero essere ulteriormente suddivise. Più specializzato è l'argomento scelto, più facile sarà per te ottenere lo status di bestseller su Amazon. Essere in grado di inserire il logo "Bestseller di Amazon" sul tuo sito web può fare molto per aumentare le vendite e la tua autorità percepita – qualcosa che può aiutarti anche in altre aree del reddito passivo.

Per avere un'idea di cosa intendo, diamo un'occhiata a un elenco di sotto-nicchie relative a un singolo argomento su Amazon, Affari e denaro: contabilità, biografia e storia, economia, finanza, investimenti e molto altro.

Facendo clic sulla prima nicchia, Contabilità, viene visualizzato un altro elenco di sei sottonicchie, tra cui audit, contabilità governativa e contabilità gestionale. Se hai un'idea di base dell'area di cui vuoi scrivere, consultare l'elenco delle sotto-nicchie su Amazon può essere un buon modo per restringere le opzioni.

Potrebbe anche essere utile esaminare i titoli specifici disponibili in una nicchia e quanto bene stanno vendendo. Leggere le recensioni può aiutarti a identificare un argomento che interessa ai lettori. Ad esempio, se diversi revisori affermano che vorrebbero che un autore avesse trattato un particolare argomento in modo più approfondito, potresti prendere in considerazione l'idea di scrivere un libro su quell'argomento.

Anche se hai intenzione di assumere un ghostwriter, devi scegliere una nicchia e un argomento per il tuo libro. Dovrai commercializzare il libro, quindi dovrai comunque fare qualche ricerca di base e imparare qualcosa sulla nicchia in questione. Inoltre, non è una cattiva idea fornire allo scrittore uno schema o, per lo meno, un elenco degli argomenti che desideri vengano trattati nel tuo libro. Ne parlerò più approfonditamente più avanti nel capitolo.

Scrivere il libro contro assumere un ghostwriter

La prossima decisione che devi prendere è se scrivere il libro da solo o assumere un ghostwriter che lo faccia per te. Prendiamoci un minuto per esaminare alcuni dei vantaggi di ciascuna opzione, iniziando con lo scrivere tu stesso il libro:

- Se scrivi tu stesso il libro, non devi pagare un ghostwriter. L'unico investimento che devi fare è il tuo tempo e la tua creatività.
- Scrivere tu stesso il libro ti garantisce di avere il pieno controllo creativo sul contenuto. Quando affidi la ricerca a un ghostwriter, corri il rischio che alcuni argomenti potrebbero non essere trattati nel modo in cui vorresti che fossero - e ciò potrebbe richiedere un investimento aggiuntivo da parte tua a seconda della natura del tuo accordo con lo scrittore assumi.
- Un libro che scrivi tu stesso rifletterà la tua vera voce e, se stai scrivendo su un argomento che ti appassiona, la tua passione emergerà dalla scrittura. Un ghostwriter farà del suo meglio per emulare il tono specificato, ma il libro potrebbe non suonare come te.
- Commercializzare un libro che hai scritto tu stesso può risultare più naturale che commercializzare un libro scritto da un ghostwriter. Potrai parlare del tuo libro con grande passione e autorità perché ne conoscerai ogni aspetto come solo chi lo ha scritto può conoscerlo.

Ora diamo un'occhiata ai vantaggi di assumere un ghostwriter:

- Il tuo tempo è prezioso. Anche se dovrai pagare per la scrittura fantasma del tuo libro, l'importo che ti costa in dollari potrebbe essere poco costoso rispetto al tempo che impiegheresti per scrivere il libro da solo, soprattutto se non ti senti particolarmente a tuo agio nello scrivere.
- Quando assumi un ghostwriter che sia ben informato sulla nicchia prescelta, ottieni due cose: uno scrittore professionista e un ricercatore, al prezzo di una. Molti scrittori professionisti sono specializzati in una nicchia o area particolare e il fatto che scrivano continuamente su un argomento può essere un vero vantaggio per te, soprattutto se vuoi che il tuo libro parli di un argomento che non conosci. molto circa.

- Se scrivi il libro da solo, potresti dover prendere in considerazione l'assunzione di un redattore professionista e/o di un correttore di bozze per assicurarti che il tuo libro sia correttamente punteggiato e privo di errori grammaticali e di ortografia. Un ghostwriter professionista dovrebbe occuparsi di queste cose per te come parte del suo servizio regolare e consegnarti un libro professionale con la grammatica corretta.

Come puoi vedere, ci sono pro e contro per ciascuna opzione. Ti consiglio di assumere un ghostwriter se ti senti molto a disagio nello scrivere o se hai difficoltà con l'inglese corretto. Molte persone che assumono ghostwriter parlano inglese come seconda lingua e vogliono assicurarsi che il libro che porta il loro nome sia scritto correttamente.

Suggerimenti per scrivere un libro

Cominciamo con la scrittura. Molte persone non si considerano scrittori, ma la verità è che scrivere significa semplicemente mettere insieme le parole in modo significativo. È qualcosa che fai tutto il giorno, tutti i giorni, sia che tu stia scrivendo Tweet, parlando al telefono o rispondendo a un'e-mail. Un libro è solo una versione più lunga di quello.

Per darti un'idea di quanto possa essere facile ottenere un eBook su Amazon, lasciami condividere con te il fatto che il libro medio sul Kindle Store è lungo solo circa 10.000 parole. Ciò si traduce in circa 32-40 pagine di testo. Non è affatto molto. Se scrivessi appena 500 parole al giorno, potresti avere una bozza del tuo libro in meno di tre settimane.

Se scrivere è qualcosa che non ti riesce facile, può essere utile elaborare prima uno schema dettagliato. Guardare i sommari di altri libri nella nicchia prescelta è un buon modo per avere idee su cosa includere. Non sei obbligato a comprare i libri a meno che tu non lo voglia. Molti titoli Kindle hanno una funzione "Guarda dentro" che ti permetterà di leggere il sommario e il primo capitolo circa del libro. Potrebbe essere sufficiente per darti un'idea di ciò che desideri includere.

Se ti senti molto a disagio con l'idea di scrivere, potresti prendere in considerazione l'utilizzo di uno strumento di sintesi vocale. Il vantaggio di farlo è che non devi scrivere, almeno non all'inizio. Puoi scegliere un argomento, parlarne e lasciare che lo strumento che utilizzi lo traduca in testo. Dovrai comunque rivedere il testo, correggere gli errori e lavorare per creare un buon flusso con i tuoi contenuti, ma il processo in sé può essere semplice. Spesso è più facile per qualcuno che non si considera uno scrittore lavorare con qualcosa che è già scritto piuttosto che sentirsi come se dovesse ricominciare da capo con una pagina bianca.

Quando hai scritto una prima bozza, ti consiglio vivamente di metterla da parte per una settimana o due prima di tentare di rivederla. Avere un po' di tempo lontano dal tuo progetto può aiutarti a guardarlo con una nuova prospettiva. Quando lo tiri fuori di nuovo, leggerlo ad alta voce è un ottimo modo per individuare parole ripetute e frasi imbarazzanti. Quando leggiamo in silenzio, i nostri occhi tendono a saltare le parole. Leggere ad alta voce è anche un modo efficace per correggere le bozze e individuare l'uso di omonimi e altri errori comuni.

Dopo aver rivisto il libro, dovresti assumere un editor o un correttore di bozze professionista se ritieni che il tuo libro possa contenere ancora errori. Non c'è vergogna nel mettere un altro paio di occhi sul tuo libro. Potrebbe anche essere utile convincere alcune persone esperte sul tuo argomento a leggere il libro e ad esprimere le loro opinioni.

Suggerimenti per assumere un ghostwriter

Se non ritieni di voler scrivere un libro da solo, hai la possibilità di assumere un ghostwriter per scrivere il libro per te. I ghostwriter sono ampiamente disponibili su siti come Outsource e Freelancer. La cosa fondamentale da tenere a mente è che vuoi assicurarti di assumere qualcuno che sia un bravo scrittore, idealmente uno che sia ben informato sulla tua nicchia. Ecco alcuni suggerimenti per aiutarti a scegliere il ghostwriter giusto.

1. Scrivi una descrizione dettagliata del lavoro per il progetto che hai in mente. Non è necessario includere uno schema o un elenco di argomenti, ma dovresti fornire un'indicazione di quale argomento generale tratterà il tuo libro, quanto tempo vuoi che sia, quanto velocemente ti aspetti che il progetto venga completato e quanto tempo sei disposto a pagare. Non è necessario specificare un importo esatto, ma è una buona idea fornire un intervallo. Tieni presente che se il tuo prezzo è molto basso, corri il rischio di attirare scrittori scadenti.

2. Specifica eventuali qualifiche che ti aspetti che abbiano gli autori delle offerte. Ad esempio, potresti dire che desideri che si candidino solo madrelingua inglesi e che

preferisci uno scrittore esperto nella scrittura della nicchia prescelta. Dovresti anche chiedere un campione di scrittura. Alcuni siti non consentono agli autori di allegare un campione alla loro offerta iniziale. In questi casi, dovresti richiedere campioni agli scrittori le cui offerte ti attirano di più.

3. Restringi l'elenco leggendo offerte e campioni e richiedendo campioni secondo necessità. Mentre valuti i campioni, tieni a mente il tono che vuoi che abbia il tuo libro. Preferisci un tono casual e colloquiale oppure uno più formale? Un ghostwriter esperto può essere in grado di emulare molti toni diversi, ma se trovi uno scrittore la cui voce ti attrae particolarmente, questo potrebbe essere un fattore decisivo.

4. Dopo aver ristretto l'elenco in base agli esempi di scrittura, è il momento di intervistare gli scrittori. A meno che tu non stia assumendo uno scrittore tramite un editore di eBook con una reputazione stellare, non dovresti saltare questo passaggio. Il motivo è che molte delle persone che fanno offerte per il tuo lavoro potrebbero provenire da paesi in cui l'inglese non è la lingua principale. In alcuni casi, gli scrittori possono prendere campioni che non hanno scritto e usarli per ottenere un lavoro. Quando parli direttamente con uno scrittore, è facile avere una buona idea se sa scrivere. Come ho detto prima, scrivere significa semplicemente mettere insieme le parole. Una persona che non sa parlare usando un inglese corretto molto probabilmente non sarà in grado di usare l'inglese corretto quando scrive.

5. Infine, prendi la tua decisione e assumi lo scrittore che desideri. Dovresti concordare un prezzo e un periodo di tempo. La maggior parte dei siti web freelance disponibili ti consente di impostare in anticipo i pagamenti allo scrittore. Uno scrittore professionista insisterà su questo, perché ci sono persone senza scrupoli là fuori che potrebbero non farlo e poi rifiutarsi di pagare lo scrittore. Dovresti essere pronto a finanziare il progetto. Il denaro verrà trattenuto sul conto finché lo scrittore non avrà completato il lavoro e tu non avrai approvato il suo lavoro. Dovresti anche assicurarti di specificare cosa ti aspetti in termini di riscrittura secondo necessità. Se paghi una tariffa oraria, devi essere disposto a pagare di più per lavoro aggiuntivo. In caso contrario, dovresti raggiungere un accordo su quanta riscrittura è inclusa nel prezzo.

Raccomando gli stessi metodi che utilizzeresti per un libro che hai scritto tu stesso quando si tratta di finalizzare il libro. Leggilo ad alta voce e prendi appunti dettagliati su eventuali modifiche che desideri apportare al libro. Hai la possibilità di chiedere allo scrittore di apportare modifiche o di apportarle tu stesso.

Creazione di una copertina

La prossima cosa che devi considerare quando crei un eBook è la copertina. Si dice che non si dovrebbe giudicare un libro dalla copertina, ma la verità è che molte persone lo fanno. Anche se scegli una nicchia molto piccola e specializzata, il tuo libro competerà con dozzine – se non centinaia – di altri libri nel Kindle Store. Devi assicurarti che la tua copertina risalti tra la folla.

A meno che tu non abbia esperienza nella progettazione grafica, ti consiglio vivamente di assumere un designer professionista per realizzare la tua copertina. Se utilizzi un ghostwriter assunto tramite un editore di eBook, potrebbe includere un design di copertina nel prezzo indicato. In caso contrario, dovrai uscire e assumere qualcuno tu stesso. Puoi assumere designer freelance su Freelancer. Un'altra scelta molto economica è pubblicare l'offerta di lavoro su Fiverr. Fiverr è un sito Web in cui puoi assumere freelance per svolgere lavori per soli cinque dollari: in effetti, la maggior parte dei lavori elencati costa cinque dollari. Se cerchi copertine di eBook, verrà visualizzato un elenco di persone disposte a progettare una copertina.

Quando scegli un designer, usa alcuni degli stessi metodi con cui assumeresti un ghostwriter. Chiedi di vedere esempi dei loro lavori passati. Dovresti riflettere sullo stile della copertina che desideri. Se ci sono immagini o colori particolari che desideri utilizzare, devi specificare anche quelli. È una buona idea scegliere qualcuno che abbia esperienza nella progettazione di copertine per libri Kindle. Tieni presente che desideri che l'immagine di copertina abbia un bell'aspetto a grandezza naturale e come miniatura, poiché è così che verrà visualizzata sul Kindle Store.

Ti consiglio vivamente di guardare le altre copertine nella tua nicchia prima di progettare una copertina o assumere un designer. Presta particolare attenzione ai bestseller. Cosa ti affascina di quelle copertine? Prendi appunti e utilizza le copertine esistenti come esempi per dare al designer un'idea di ciò che desideri.

Suggerimenti per scrivere un'ottima descrizione del libro

L'ultima cosa che devi considerare prima di caricare il tuo libro sul Kindle Store è scrivere un'ottima descrizione del libro che ti aiuterà a vendere il tuo libro. Se hai assunto un ghostwriter, allora ti consiglio di pagare alla stessa persona un piccolo extra per scrivere anche la descrizione del libro – o di includere la descrizione del libro nella descrizione del lavoro originale e negoziare il prezzo di conseguenza.

Ricorda che la descrizione non deve essere una relazione sul libro. Non vuoi un riepilogo secco e serio di ciò che c'è nel libro. C'è un vecchio adagio pubblicitario secondo cui vendere lo sfrigolio, non la bistecca. La tua descrizione dovrebbe sfrigolare. In altre parole, vuoi descrivere accuratamente il tuo libro in un modo che lo faccia sembrare decisamente irresistibile.

Per fare ciò, concentrati sui vantaggi che i lettori possono aspettarsi di ottenere dal tuo libro invece di dire loro quanto è bello il tuo libro. Quando avranno finito di leggere la tua descrizione, vuoi che si sentano come se NON acquistare il tuo libro sarebbe un errore.

Una buona descrizione del libro dovrebbe avere molto spazio bianco per facilitarne la lettura. Suddividi i tuoi contenuti in paragrafi brevi e utilizza anche elenchi puntati. Dovresti anche assicurarti di:

- Scegli le parole chiave (Amazon ti consente di sceglierne fino a sette)
- Utilizza le stesse parole chiave nella descrizione del tuo libro
- Utilizza le opzioni di formattazione per far risaltare il titolo. Per esempio:
  - per rendere il titolo in grassetto
  - per scrivere in corsivo il testo
  - il testo del titolo
  - il titolo arancione dell'Amazzonia, che appare come sottotitolo

Scegli le categorie (nicchie e sottonicchie) per aiutare Amazon a sapere dove pubblicare il tuo libro

Utilizzando queste semplici opzioni di formattazione e suggerimenti per la scrittura puoi far risaltare la descrizione del tuo libro Amazon.

Caricamento del tuo libro su KDP

Dopo aver scritto un'ottima descrizione del libro, è il momento di caricare il tuo libro utilizzando KDP. Inizierai visitando la home page di KDP e creando un nuovo account. Da lì, inserirai i dettagli del tuo libro, inclusi titolo, parole chiave e categorie come indicato sopra.

Successivamente, caricherai il tuo file word su KDP. Anche in questo caso, il formato preferito è Word ma sono disponibili istruzioni su come caricare e formattare un file HTML, TXT o PDF. Una volta caricato il file, KDP lo convertirà nel formato corretto in modo che possa essere letto su un Kindle.

Il passaggio finale nel caricamento del tuo libro consiste nell'impostare un prezzo e specificare i diritti per il libro. La maggior parte dei libri in vendita sul Kindle Store costa $ 9,99 o meno ed è una buona idea tenerlo a mente quando stabilisci il prezzo del tuo libro. Se il tuo libro è molto breve, potresti prendere in considerazione l'idea di fissargli un prezzo inferiore. Amazon si riserva il diritto di rivalutare il prezzo del tuo libro in base al prezzo di altri libri nella tua categoria.

Dovrai anche scegliere il tuo livello di royalty. Amazon offre due opzioni, 70% e 35%. I libri di pubblico dominio devono avere un prezzo pari al 35%, ma poiché stai scrivendo un originale, puoi scegliere l'opzione del 70%.

Suggerimenti per commercializzare il tuo libro

L'ultimo argomento che voglio trattare in questo capitolo è la questione del marketing del tuo libro. L'unico modo per trasformare il tuo nuovo eBook in un flusso affidabile di reddito passivo è fare alcune promozioni per convincere le persone ad acquistare il tuo libro. Ecco alcuni suggerimenti:

- Se hai le risorse per farlo e non ti dispiace spendere un po' di soldi, potresti prendere in considerazione l'idea di filmare il trailer di un libro e pubblicarlo su YouTube. Tratterò YouTube in dettaglio più avanti nel libro, ma un trailer di libro è un breve video, di solito due minuti o meno, che funge da pubblicità per il tuo libro. Consideralo come la versione del libro di un trailer di un film. Se decidi di realizzare un trailer, il tuo obiettivo dovrebbe essere quello di rendere il libro il più avvincente possibile.

- Hai un blog? Se è così, il tuo blog è il luogo perfetto per pubblicizzare il tuo nuovo libro. Puoi creare attesa per la sua uscita bloggando sul tuo processo di scrittura e annunciando la data di uscita. Potresti prendere in considerazione l'idea di distribuire alcune copie gratuite del libro organizzando un concorso. Un buon modo per farlo è offrire un'iscrizione gratuita a tutti coloro che commentano sul tuo blog, quindi offrire voci aggiuntive ai lettori che condividono informazioni sul tuo concorso su Facebook, Twitter e altri siti di social media. I tuoi lettori guadagnano ulteriori possibilità di vincere il tuo libro e tu vinci un sacco di pubblicità gratuita.

- Consiglio vivamente anche di pubblicizzare il tuo libro sui social media. Ad esempio, potresti impostare una pagina per il tuo libro su Facebook e quindi creare un annuncio indirizzato alle persone che ritieni abbiano maggiori probabilità di leggere il tuo libro. Dovrai dedicare del tempo a considerare il tuo pubblico di destinazione. Hai anche la possibilità di prendere di mira le tue connessioni Facebook e i loro amici, ma fallo solo se ritieni che quelle persone rappresentino un probabile pubblico per il tuo libro. Altrimenti, è meglio attenersi ai dati demografici target e chiedere semplicemente ai tuoi amici di condividere informazioni sul tuo libro. Potresti anche prendere in considerazione un Tweet o un Pin sponsorizzato (appuntare la copertina del tuo libro su Pinterest è un ottimo modo per spargere la voce).

- Un'altra buona idea è quella di contattare figure autorevoli e influencer chiave nella tua nicchia e chiedere loro di leggere e recensire il tuo libro. Potresti voler distribuire copie gratuite a blogger influenti o persone che hanno un enorme seguito sui social media. Se il tuo libro ha buone recensioni, il fatto di averne regalato una copia non ti danneggerà in termini di entrate.

Presta attenzione alle tue vendite su Amazon e leggi le recensioni per avere idee su come migliorare e aggiornare i tuoi contenuti. È importante rimanere rispettosi (e non sulla difensiva) se scegli di rispondere direttamente ai revisori. Ricorda che non devi accettare ogni suggerimento che ti danno. Guarda le tue recensioni per trovare idee e incoraggia anche le persone che conosci a leggere e recensire il libro.

Se segui le linee guida contenute in questo capitolo e inizi oggi, potresti avere il tuo primo eBook disponibile sullo store Amazon Kindle entro un mese o due. So che il processo potrebbe sembrare scoraggiante, ma secondo me vale il tempo e lo sforzo richiesti. In effetti, questo è il mio metodo di reddito passivo preferito ed è per questo che ho dedicato così tante pagine all'argomento.

Nel prossimo capitolo parlerò del mio secondo metodo di reddito passivo preferito: commercializzare prodotti di affiliazione.

Capitolo 4: Marketing dei prodotti di affiliazione

Forse scrivere un eBook non ti attira. Ora è il momento di parlare di un'alternativa, che – ancora una volta – richiederà un certo sforzo e un certo costo per la creazione, ma che può finire per farti guadagnare un reddito per gli anni a venire se lo fai correttamente.

Se hai dedicato del tempo a imparare come guadagnare denaro online, hai senza dubbio sentito parlare del marketing di affiliazione. Nel caso in cui non lo avessi fatto, lasciami spiegare brevemente. Il marketing di affiliazione prevede la commercializzazione di prodotti (di solito inserendo collegamenti sul tuo blog o sito web) creati da altre persone. In cambio della visualizzazione degli annunci, ottieni una percentuale delle vendite che ne derivano. A volte potresti essere pagato solo se c'è una vendita, mentre altre offerte di affiliazione possono mirare a generare contatti e pagarti per ogni persona che fa clic sull'annuncio.

Esaminiamo cosa devi fare per commercializzare con successo i prodotti di affiliazione. Proprio come nel caso della scrittura di un eBook, tutto inizia con la scelta della giusta nicchia.

Scegliere una nicchia

Per la scelta di una nicchia in cui vendere prodotti di affiliazione si applicano molti degli stessi problemi che si applicano alla scelta di una nicchia per un eBook. Non perderò il tuo tempo ripetendo lo stesso contenuto, quindi se hai saltato l'ultimo capitolo, ti consiglio di tornare indietro a leggere la sezione sulla selezione della nicchia.

Quello che vorrei aggiungere è che se hai già un blog in una nicchia particolare, aggiungere prodotti di nicchia al blog può essere un modo relativamente rapido e semplice per creare flussi di reddito passivi. Un blog, soprattutto se hai già un seguito considerevole, è un ottimo strumento di marketing. Ogni post che scrivi utilizza parole chiave e tratta un argomento nella nicchia prescelta. Se decidi di inserire link di affiliazione sul tuo blog, puoi recensire i prodotti che decidi di vendere e collegarli alla tua pagina di adesione o di vendita dalla recensione stessa oltre a pubblicare gli annunci di affiliazione sul tuo sito.

Se non hai già un blog ma c'è una nicchia che ti attrae, avviarne uno è un ottimo primo passo quando si tratta di commercializzare prodotti di affiliazione. Il blogging può aiutarti a affermarti come una figura autoritaria nella nicchia prescelta, il che darà alla tua scelta di determinati prodotti più peso di quanto avrebbe altrimenti.

Ti consiglio di attenersi ai prodotti in un'unica nicchia quando inizi. Puoi sempre espanderti verso altre nicchie correlate man mano che stabilisci le cose. Tuttavia, come nuovo affiliato di marketing non vuoi esagerare. Dovrai dedicare un po' di tempo alla creazione di contenuti (o assumere qualcuno per crearli), oltre a impostare e testare un funnel di vendita efficace. Quanto più ristretta è la tua specialità, tanto più facile sarà sviluppare le tue conoscenze e avviare il flusso di denaro.

Controllo del concorso

Un altro buon passo preliminare quando si commercializzano prodotti di affiliazione è fare alcune ricerche di base sulle parole chiave. Una parola chiave è qualsiasi parola o serie di parole che un utente di Internet digita in un motore di ricerca. Osservare l'utilizzo e le tendenze delle parole chiave può aiutarti a identificare gli argomenti all'interno di una nicchia che ottengono un volume elevato di traffico di ricerca – in altre parole, possono aiutarti a restringere la scelta dei prodotti a quelli che hanno le migliori possibilità di vendita.

Uno strumento che mi piace utilizzare è Market Samurai, che ti consente di visualizzare le parole chiave di tendenza in qualsiasi nicchia. Quando ti iscrivi per un abbonamento gratuito, avrai anche accesso a video che ti forniranno preziose informazioni su come distinguere tra una parola chiave veramente preziosa e una che potrebbe ottenere un traffico elevato ma non farti mai guadagnare denaro.

È anche una buona idea cercare i migliori blog nella nicchia prescelta e vedere quali prodotti di affiliazione stanno promuovendo. Puoi iniziare facendo una ricerca su Google per "la tua nicchia" + blog. Consiglio di guardare i primi dieci blog visualizzati e di annotare i nomi dei prodotti che vendono. Ciò può fornirti un buon punto di partenza per la ricerca di prodotti.

Ricerca di prodotti

Una volta che hai una nicchia, alcune parole chiave ad alto traffico e un elenco di potenziali prodotti da promuovere, è il momento di ricercare tali prodotti e scoprire se vale la pena promuoverli. Il sito che consiglio per la ricerca dei prodotti è ClickBank, un enorme mercato in cui puoi controllare i prodotti di affiliazione e conoscerli. ClickBank è gratuito ed è un'ottima risorsa per cercare informazioni sui prodotti che hai trovato in precedenza e trovarne anche di nuovi.

Per ogni prodotto elencato sul loro sito, ClickBank fornisce una serie di statistiche per aiutarti a conoscerli. Ad esempio, puoi imparare:

- Init $/sale ti dice quanto guadagneresti per la vendita di un prodotto.
- Il totale rifatturazione media si applica solo ai prodotti che fatturano su base ricorrente, come siti di abbonamento e abbonamenti.
- La media $/vendita corrisponde alla vendita iniziale per i prodotti una tantum, ma includerà la rifatturazione media per i prodotti che includono tale opzione.
- Avg %/sale indica qual è la percentuale media di commissione per tutti i prodotti (incluse rifatturazioni e upsell) per un particolare prodotto
- La percentuale di rifatturazione/vendita indica la commissione che puoi aspettarti di guadagnare per le rifatturazioni.
- Grav è una statistica unica creata da ClickBank per dirti quanto è interessante un particolare prodotto. È un riflesso delle vendite recenti e del numero di affiliati che promuovono un prodotto, quindi un numero Grav elevato potrebbe rendere un prodotto una buona scelta, ma potrebbe anche indicare che avrai una quantità significativa di concorrenza.

Quando fai clic su una categoria o sottocategoria su ClickBank, vedrai i prodotti elencati in ordine di popolarità. Tuttavia, puoi anche scegliere di ordinare i prodotti in base a una qualsiasi delle statistiche fornite per avere un'idea di quali prodotti preferisci.

Ti consiglio di dare un'occhiata ai migliori prodotti nella categoria prescelta e anche di cercare i prodotti che hai annotato in precedenza. Restringili in base a ciò che impari. Successivamente, ti consiglio di eseguire i seguenti passaggi per ricercare a fondo i prodotti rimasti nella tua lista:

1. Fai una ricerca su Google e leggi le recensioni del prodotto. Affronterai una dura battaglia se scegli di promuovere un prodotto che ha una serie di recensioni negative e potresti anche saperlo in anticipo. Se noti molti reclami o persone che affermano di aver restituito il prodotto per un rimborso, potresti pensarci due volte prima di dedicare tempo e sforzi alla commercializzazione del prodotto.
2. Iscriviti alla mailing list per ciascun prodotto in modo da poter avere un'idea di come è la canalizzazione di vendita. Vuoi sapere quali materiali riceverai come affiliato.
3. Effettua una ricerca per gli affiliati che vendono il prodotto in questione. Dovresti cercare i reclami degli affiliati, in particolare quelli che hanno a che fare con il mancato pagamento in modo tempestivo. Potresti anche voler contattare gli esperti di marketing nella tua nicchia per vedere cosa hanno da dire su un particolare prodotto. La conoscenza è potere.
4. Dopo aver ristretto nuovamente la lista a tre o quattro prodotti, ti consiglio vivamente di acquistare almeno il prodotto base per vedere come è. Credimi, non vorrai vendere un prodotto di cui non sai nulla. Devi sapere cosa è incluso nell'acquisto del prodotto in modo da capire cosa venderai. Fare una revisione approfondita del prodotto può aiutarti a prendere la decisione finale e vedere cosa vale la pena vendere e cosa no. Molti prodotti hanno una garanzia di rimborso di 30 giorni, quindi puoi sempre restituire un prodotto che ritieni non vada bene per un rimborso.

Una volta terminata la ricerca, dovresti avere un prodotto (o forse più di uno) che ritieni di poter promuovere un buon lavoro. Più credi fortemente in un prodotto, più facile sarà promuoverlo. Se vendi un prodotto che non hai visto e che non capisci, la tua mancanza di conoscenza sarà evidente, soprattutto se lo promuovi sui social media e sul tuo blog.

Alcuni dei migliori prodotti da vendere includono prodotti digitali come eBook e corsi online. Pagano commissioni elevate – a volte fino al 50% – e sono abbastanza facili da vendere. Un'altra buona opzione è commercializzare gli abbonamenti nei forum online e nei siti di abbonamento, che possono farti ricevere commissioni ricorrenti se le persone acquistano abbonamenti in corso. Mi piace anche cercare un prodotto che abbia un buon numero di upsell. Ad esempio, molti piani di perdita di peso di base prevedono vantaggi che includono:

- Libri di cucina
- Misurini e accessori per alimenti
- Programmi di fitness
- DVD di allenamento

Più upsell e prodotti correlati ci sono, maggiore è il tuo potenziale di guadagno. Guarda l'intero imbuto di vendita di un prodotto prima di selezionarlo in modo da capire esattamente quali prodotti promuoverai.

Configura una pagina utilizzando WordPress

Dopo aver scelto un prodotto da promuovere, il passo successivo è impostare una landing page utilizzando WordPress. WordPress è un software gratuito che puoi utilizzare per progettare un sito Web efficace anche se non hai esperienza di progettazione o conoscenze di programmazione. Tutta la programmazione viene eseguita da una dashboard intuitiva che semplifica l'impostazione di una pagina di destinazione per il tuo nuovo prodotto di affiliazione.

Se hai già un blog, potresti già avere familiarità con WordPress, poiché è il software più popolare da utilizzare per creare un blog. Se sei nuovo su WordPress, voglio chiarire che sto parlando di WordPress.org, non di WordPress.com. WordPress.com è un sito di blog gratuito, ma non è la stessa cosa che avere un proprio sito web. Per commercializzare in modo efficace i prodotti di affiliazione, devi avere il tuo sito. Molti programmi di affiliazione richiedono che gli affiliati possiedano il proprio nome di dominio.

Hai la possibilità di ospitare il tuo sito direttamente tramite WordPress o di utilizzare un altro host. La maggior parte degli host consente l'uso di WordPress. Ti metto in guardia dallo scegliere un programma di hosting gratuito o molto economico. Ciò che risparmi sui costi iniziali può ritorcersi contro di te sotto forma di tempi di inattività eccessivi e di un servizio clienti scadente.

Scegli un nome di dominio correlato al prodotto che stai vendendo. Idealmente, dovresti utilizzare alcune delle parole chiave più popolari che hai trovato durante la ricerca. Se un prodotto viene venduto da molti dei tuoi concorrenti, trovare un ottimo nome di dominio potrebbe rivelarsi una sfida. Se il nome .com non è disponibile, considera l'utilizzo di una delle altre estensioni come .biz o .us.

Quando configuri il tuo sito su WordPress, puoi scegliere tra centinaia di temi gratuiti. Ti consiglio vivamente di scegliere un tema mobile-responsive. Nel 2015, più persone effettuano ricerche su dispositivi mobili che su computer. Google penalizza i siti che non sono ottimizzati per i dispositivi mobili, quindi non c'è motivo di scegliere qualcosa di diverso da un tema mobile-responsive per il tuo nuovo sito.

Ecco alcune altre cose da tenere a mente quando imposti la tua nuova pagina di destinazione:

- Scrivi un titolo forte che indichi cosa le persone possono aspettarsi di vedere sulla pagina e susciti un forte desiderio di continuare a leggere. Prova a utilizzare la parola chiave principale nel titolo.
- Scegli un tema accattivante ma non sgradevole da guardare. Colori contrastanti potrebbero effettivamente allontanare le persone dal tuo sito. Vuoi che rimangano, leggano o guardino i tuoi contenuti e OPT IN. Se il tuo sito è troppo vistoso potrebbe avere l'effetto opposto.
- Stai lontano dai caratteri fantasiosi che sono difficili da leggere. Va bene usare un carattere speciale qua e là per enfatizzare, ma non scegliere qualcosa che sia eccessivamente elaborato.
- Considera l'idea di realizzare un video di vendita per la tua pagina. Esistono prove che dimostrano che le pagine di destinazione con video tendono a ottenere più conversioni rispetto alle pagine senza video. Puoi fornire il contenuto video in forma scritta come alternativa per le persone che preferiscono non guardare un video.
- Se scegli di avere solo contenuti scritti sulla tua pagina, assicurati che siano ben scritti e accattivanti. Tutto ciò che scrivi (o paghi per scrivere) dovrebbe concentrarsi sulla risoluzione di un problema particolare della persona che legge la tua pagina e spiegare come il prodotto che stai promuovendo può aiutarla a risolverlo. Suddividi il contenuto con sottotitoli ed elenchi puntati per facilitarne la lettura.
- Concentrati sulla creazione di contenuti dal suono naturale per migliorare il tuo posizionamento su Google. Al giorno d'oggi utilizzare semplicemente le parole chiave

più e più volte non è sufficiente. I tuoi contenuti devono essere pertinenti e accattivanti e l'uso delle parole chiave deve essere naturale e non forzato.

- Scegli un invito all'azione efficace che si ripeta più volte sulla pagina. I migliori CTA sono quelli che enfatizzano i vantaggi dell'utilizzo del prodotto che stai vendendo. Per esempio:
    - ➢ Perdere peso ORA
    - ➢ Sì, voglio andare in pensione presto
    - ➢ Aiutami ad addestrare il mio cane

Tutti questi sono orientati alla soluzione e molto più attraenti di un blando file.

Ottimizzazione del tuo sito

Configurare il tuo sito web di base è importante, ma vuoi anche fare tutto il possibile per assicurarti che il tuo sito sia completamente ottimizzato. Potrei scrivere un intero libro sulla SEO, ma il mio obiettivo qui è semplicemente quello di darti una panoramica in modo da assicurarti di colpire i punti importanti.

- La tua pagina di destinazione dovrebbe essere ottimizzata per una parola chiave principale e diverse parole chiave secondarie. La tua parola chiave principale dovrebbe essere una parola chiave a coda lunga, molto specifica e adattata alle persone disposte a spendere soldi per risolvere il problema affrontato dal prodotto scelto.
- Non preoccuparti della densità delle parole chiave. Come accennato prima, la cosa più importante è la qualità dei tuoi contenuti. Utilizza le tue parole chiave nel titolo, nella prima frase dei tuoi contenuti e in alcune altre posizioni importanti.
- Non trascurare i tag e le descrizioni. Le informazioni che appaiono sulla tua pagina sono solo metà dell'opera quando si tratta di SEO. Dovresti usare le tue parole chiave anche nei seguenti posti:
    - ➢ Il titolo della tua pagina (il titolo che appare quando la tua pagina appare in risposta a una ricerca su Google)
    - ➢ La tua meta descrizione (la breve descrizione che appare sotto il titolo della tua pagina su Google)

> - I tuoi tag H1 e H2, che consentono a Google di sapere dove sono i tuoi titoli e sottotitoli
> - I tuoi tag alt, o tag immagine, che appaiono quando una delle tue immagini non viene scaricata correttamente sulla pagina di un visualizzatore

Usare correttamente questi tag può fare molto per migliorare il tuo SEO.

Tutto sulla tua pagina dovrebbe essere informativo e pertinente per le persone che cercano le parole chiave scelte. Sebbene le parole chiave e i tag siano importanti, Google attribuisce la massima importanza ai contenuti ben scritti e pertinenti. Finché la tua pagina ha contenuti di alta qualità e utilizza le parole chiave in modo efficace, dovresti avere successo su Google.

Mercato sui social media

Uno dei miei modi preferiti per commercializzare prodotti di affiliazione è sui social media. A differenza della pubblicità con Google AdWords, la pubblicità sui social media è ancora relativamente poco costosa. Puoi acquistare un annuncio su Facebook per soli cinque dollari al giorno. A differenza della pubblicità sui motori di ricerca, che si basa sull'utilizzo di parole chiave, gli annunci sui social media ti consentono di indirizzare le persone in base a due categorie di informazioni:

- Dati demografici, tra cui fascia di età, sesso, livello di reddito e posizione geografica
- Dati psicografici, comprese abitudini di acquisto, hobby e interessi

Se imposti una pagina aziendale per il tuo prodotto di affiliazione, puoi utilizzarla per condividere contenuti pertinenti e inserire annunci. La pubblicità su Facebook è la più consolidata tra tutti i siti di social media. Ecco alcuni altri vantaggi derivanti dall'utilizzo di Facebook per commercializzare i tuoi prodotti di affiliazione:

- Facebook ti offre la possibilità di gestire un numero illimitato di pagine dal tuo account principale. Se stai commercializzando più di un prodotto di affiliazione, puoi facilmente impostare una pagina per ciascuno.

- Puoi seguire pubblicazioni e pagine pertinenti alla tua nicchia e utilizzarle per trovare e condividere contenuti con i tuoi follower.
- Facebook dispone di uno strumento di pianificazione gratuito che puoi utilizzare per impostare i post in anticipo.
- Avrai accesso a Facebook Insights, che ti fornisce analisi per determinare il rendimento della tua pagina e quali post ottengono il maggior coinvolgimento.

Quando inserisci un annuncio su Facebook, puoi indirizzare le persone che fanno clic su di esso direttamente alla tua nuova pagina di destinazione. Ogni settimana riceverai un'e-mail da Facebook che mostra il rendimento del tuo annuncio in modo che tu possa modificarlo e rivisitarlo secondo necessità.

Naturalmente, Facebook non è l'unico sito di social media che puoi utilizzare per promuovere i tuoi prodotti di affiliazione. Eccone alcuni altri da considerare:

- Twitter è ancora molto popolare e il suo limite di 140 caratteri lo rende una buona scelta per inviare informazioni e promozioni rapide. Al momento, l'unico modo per fare pubblicità su Twitter è con un Tweet sponsorizzato. La sponsorizzazione aumenta le possibilità che il tuo Tweet venga visto da tutti i tuoi follower.
- Pinterest è uno strumento estremamente efficace per commercializzare prodotti di affiliazione, soprattutto se il prodotto che vendi è ambizioso o attrae fortemente le donne. Gli utenti di Pinterest tendono ad essere abbastanza benestanti e sono molto più propensi a effettuare acquisti in base a ciò che vedono sul sito rispetto alle persone su altri siti di social media. Pinterest ha recentemente aperto le sue opzioni pubblicitarie a tutte le aziende.
- Snapchat è un sito di social media relativamente nuovo e che attrae fortemente i giovani. Se hai un seguito su Snapchat, puoi usarlo per inviare annunci rapidi e cose del genere come un modo per informare le persone sul tuo prodotto.
- Instagram è altamente visivo e ora offre pubblicità a pagamento. Se il prodotto che vendi si presta ad essere fotografato, può essere molto efficace per spargere la voce sul tuo prodotto.

Se decidi di utilizzare i social media per commercializzare il tuo prodotto, dovresti ricordarti di rispettare la regola 4 a 1. Per ogni contenuto che pubblichi che sia direttamente correlato al prodotto che stai commercializzando, dovresti pubblicarne quattro correlati alla tua nicchia e fornire valore ai tuoi follower senza menzionare il tuo prodotto. Ricorda, le persone non seguono le aziende sui social media perché vogliono essere bombardate da una serie infinita di proposte di vendita. Vogliono essere informati e intrattenuti.

Creazione di backlink per una migliore SEO

L'ultimo argomento che voglio menzionare riguarda la SEO. Quando abbiamo discusso in precedenza della SEO, ci siamo concentrati sulla SEO on-site: le cose che puoi fare sul tuo sito web che lo aiuteranno a raggiungere un posizionamento elevato su Google quando le persone cercano le parole chiave che hai scelto. Tuttavia, c'è un altro elemento nella SEO, e ha a che fare con il fare in modo che altri siti web si colleghino al tuo sito.

I migliori backlink da ottenere provengono da siti autorevoli e di alta qualità nella nicchia prescelta. È possibile acquistare backlink, ma questa è considerata una tattica SEO "black hat" e non la consiglio. Se vieni scoperto, Google può penalizzarti. Concentrati invece sul contattare blogger e pubblicazioni nella tua nicchia. Scrivi blog e articoli per gli ospiti, elenca il tuo sito in directory di nicchia e assicurati di incoraggiare amici e altre persone che dispongono di siti Web a collegarsi al tuo sito quando possibile.

Ci vuole tempo per accumulare backlink di qualità, ma ne vale la pena. Più collegamenti hai, maggiore sarà il volume di traffico che riceverai sulla tua pagina di destinazione.

Un'ultima nota riguardante il marketing di affiliazione. Se commercializzi prodotti di affiliazione sul tuo blog, non vuoi che il tuo blog appaia eccessivamente disordinato o contenente spam, né ai tuoi visitatori né a Google. Un modo per tenere le cose sotto controllo è svolgere parte del marketing di affiliazione tramite e-mail. Se convinci le persone a iscriversi alla tua lista e-mail, puoi commercializzare loro singoli prodotti in un'e-mail senza includere un collegamento sul tuo sito. Lo stesso vale per gli eBook brevi e gratuiti. Il vantaggio di entrambi i metodi è che stai fornendo ai tuoi abbonati e visitatori qualcosa di gratuito (un'e-mail informativa o un libro) e ciò significa che sono molto più propensi ad acquistare ciò che suggerisci rispetto a quanto lo sarebbero se gli presentassi semplicemente una vendita dura. pece.

Capitolo 5: Altri metodi di reddito passivo

Sebbene scrivere eBook e commercializzare prodotti di affiliazione siano i miei due metodi preferiti per guadagnare un reddito passivo, non sono certamente gli unici metodi da utilizzare. In questo capitolo tratterò diversi altri metodi che potresti voler prendere in considerazione e ti fornirò una panoramica di ciascuno. Ti consiglio di leggere il capitolo e vedere quali idee ti attirano di più. Puoi quindi andare avanti con le idee scelte e lavorare per impostarle in modo che generino reddito passivo.

Come creare e commercializzare un'app mobile

Un tempo creare un'app da vendere era considerato eccessivamente rischioso. Per gli esperti di marketing che non avevano esperienza di programmazione, significava assumere un programmatore per progettare e creare l'app, e questo di solito si traduceva in costi iniziali proibitivi. Tuttavia, ora le cose sono cambiate e, se lo fai bene, creare e vendere un'app può essere un buon modo per guadagnare un reddito passivo.

Creazione di un concetto di app

Se hai già una grande idea per un'app e hai i mezzi per crearla, ti incoraggio a realizzarla. Sarà sempre un gioco da ragazzi, ma se ti prendi il tempo per commercializzarlo sul tuo blog o sui social media, potresti riuscire a vendere abbastanza copie per guadagnare un flusso costante di entrate. Probabilmente sai già che luoghi come Apple Store e Google Store vendono app e ora puoi acquistarle anche su Amazon App Store.

Cosa puoi fare se non hai un'idea per un'app? Una soluzione che mi piace suggerire è quella di utilizzare un'app esistente. Ciò che intendo è che puoi guardare le app popolari nella tua nicchia e trovare un modo per darle una svolta. Diamo un'occhiata all'esempio di un'app che ha trovato il modo di offrire qualcosa di nuovo in una nicchia sovraffollata. L'app per la perdita di peso Lose It offre alcune funzionalità che la distinguono dalle altre app per la perdita di peso disponibili. Consente agli utenti di utilizzare i propri smartphone per scansionare i codici a barre per ottenere il conteggio delle calorie degli alimenti confezionati. Salva ogni elemento scansionato, nonché i singoli pasti in modo da poterli trovare facilmente. Consente inoltre una semplice ricerca dei pasti nei ristoranti più famosi, inclusi fast food e opzioni con posti a sedere.

Se riesci a trovare un modo per prendere un'app popolare e darle una nuova svolta aggiungendo funzionalità aggiuntive o affrontando le cose da una nuova prospettiva, potresti essere in grado di guadagnare un bel flusso di reddito passivo commercializzando la tua app.

Creazione della tua app

Il passaggio successivo è creare la tua app. Se hai una vasta esperienza di programmazione, puoi sicuramente creare e programmare l'app da solo. Tuttavia, di norma non consiglio di provare a creare l'app da soli. Puoi assumere un programmatore su molti degli stessi siti che ho menzionato prima, inclusi posti come Freelancer e Upwork. Ovviamente dovrai sborsare dei soldi in anticipo, ma una volta fatto potrai affidare il lavoro a un programmatore. Dovrai spiegare esattamente cosa vuoi che faccia l'app. Ti consiglio di fare un elenco completo delle funzionalità che desideri includere. Pensa se desideri consentire acquisti in-app e cose di questo tipo. Un buon programmatore dovrebbe avere un elenco di domande che ti aiuteranno a restringere il campo di ciò che desideri.

Hai anche la possibilità di utilizzare risorse online per creare tu stesso l'app, se questa è la tua preferenza. Eccone due che mi piacciono:

- AppyPie– un sito Web che fornisce gli strumenti per aiutarti a creare la tua app mobile
- Zapporoo: un'altra risorsa per la creazione di app mobili

Commercializzare la tua app

Una volta che hai un'app completa, testata e pronta per la vendita, puoi venderla nei luoghi che ho menzionato prima, tra cui Apple Store, Google Store e Amazon App Store. Tuttavia, dovresti anche occuparti di marketing per conto tuo. Ti consiglio vivamente di creare un sito WordPress per vendere la tua app direttamente ai consumatori, utilizzando gli stessi suggerimenti che ho elencato nell'ultimo capitolo sul marketing di affiliazione.

Dovresti anche prendere in considerazione la creazione di siti di social media per commercializzare la tua app. Puoi includere schermate che mostrano alle persone cosa può fare l'app. Man mano che raccogli testimonianze, puoi aggiungerle alla tua pagina WordPress ed elencarle anche sulle tue pagine di social media.

Creare un'app mobile non è cosa da tutti, ma se hai una grande idea e sei disposto a pagare qualcuno per programmare l'app per te, può essere un buon modo per creare un flusso di reddito passivo.

Come creare e monetizzare un canale YouTube

A volte, i nuovi esperti di marketing si spaventano al pensiero di realizzare video. So che girare i tuoi video può sembrare intimidatorio e potresti immaginare che sarebbe anche proibitivo. Tuttavia, in realtà è vero il contrario. Hai bisogno di pochissime competenze tecniche per filmare un video e, se ti senti a tuo agio nel parlare a braccio, non hai nemmeno bisogno di scrivere una sceneggiatura formale.

Con questo in mente, parliamo di come realizzare video e pubblicarli sul tuo canale YouTube può aiutarti a guadagnare denaro. I video sono una delle forme più popolari di contenuti online. In effetti, la maggior parte delle persone preferirebbe guardare un breve video (due o tre minuti) piuttosto che leggere un paio di brevi post sul blog, anche se il tempo investito sarebbe più o meno lo stesso.

I video tendono ad essere condivisi sui social media molto più frequentemente rispetto ad altre forme di contenuto – in effetti, sono più popolari dei contenuti scritti e delle fotografie messi insieme. Ciò significa che una volta creato un video, questo può diffondersi con il minimo sforzo da parte tua.

Come creare un canale YouTube

Creare un canale YouTube è molto semplice. Se hai un account Gmail o Google+, puoi utilizzare il tuo ID per accedere a YouTube. Una volta effettuato l'accesso, puoi semplicemente fare clic sulla tua immagine del profilo nell'angolo in alto a destra dello schermo e scegliere l'opzione "Crea canale" per creare il tuo canale.

Quando crei il tuo canale, dovresti assicurarti di fare tutto quanto segue;

- Crea un nome per il canale che rifletta la tua nicchia e il tipo di contenuti che pubblicherai
- Scegli un'immagine del profilo o un logo che sia unico e memorabile. Se usi il tuo nome, allora è una buona idea usare la stessa fotografia che usi sui tuoi account sui social media per dare continuità alla tua presenza online
- Scrivi una descrizione del tuo canale ricca di parole chiave che includa un collegamento al tuo sito web e dia agli spettatori un'idea precisa di cosa possono aspettarsi di trovare sul tuo canale

Poiché YouTube è di proprietà di Google, ci sono alcuni grandi vantaggi SEO nell'utilizzo di YouTube. Ne parlerò un po' di più tra un minuto.

Suggerimenti per creare video memorabili

Come ho detto prima, non sono necessarie grandi competenze tecniche per creare contenuti video. Il tuo obiettivo dovrebbe essere quello di creare video che forniscano intrattenimento e valore al tuo pubblico di destinazione. Ecco alcune potenziali idee per i video di marketing:

- Racconta una breve storia che evidenzi un argomento chiave nella tua nicchia o spieghi un prodotto che stai commercializzando
- Crea una lavagna o un video animato che aiuti a spiegare un concetto complicato pertinente alla tua nicchia
- Realizza una demo divertente del prodotto o un video di unboxing del prodotto che metta in risalto uno o i tuoi prodotti affiliati
- Esegui domande e risposte per gli spettatori in cui solleciti domande dai tuoi follower sui social media o nella sezione commenti dei tuoi video di YouTube

Proprio come hai fatto con il tuo eBook, puoi assumere uno scrittore professionista per realizzare una sceneggiatura video se non ti senti a tuo agio nel parlare a braccio.

Modi per monetizzare i tuoi video

Ora parliamo di come i tuoi video guadagnano su YouTube. Il modo più semplice per farlo è attivare l'opzione AdSense. AdSense pubblica annunci prima del tuo video, offrendo agli utenti l'opportunità di fare clic per acquistare un prodotto. Il vantaggio di utilizzare AdSense in questo caso è che, se realizzi un video su un particolare argomento tecnico, l'annuncio che apparirà sarà probabilmente qualcosa di rilevante per la tua nicchia. È molto probabile che gli utenti facciano clic su annunci pertinenti se ritengono che il tuo video sia stato utile e tu guadagnerai una commissione ogni volta che lo fanno.

Tieni presente che AdSense non ti renderà ricco. Tuttavia, utilizzare YouTube può essere un ottimo modo per creare un nuovo flusso di reddito passivo senza dover spendere molti soldi o tempo.

Un'altra opzione è creare una serie di video e richiedere agli utenti di pagare per guardarla. Dato che la maggior parte dei video su YouTube sono gratuiti, dovrai essere abbastanza sicuro che le persone saranno disposte a pagare per i tuoi contenuti. Parleremo di corsi online tra un minuto, ma creare un webinar o un videocorso è sicuramente un'opzione per YouTube.

Come promuovere i tuoi video

È importante tenere presente che YouTube è uno dei siti Web più trafficati al mondo. Infatti è anche il secondo motore di ricerca più grande al mondo dopo Google. È molto più semplice far sì che un video di YouTube si classifichi per la ricerca di una particolare parola chiave piuttosto che far sì che il tuo blog o sito web si classifichi. Google sembra favorire i video di YouTube nei risultati di ricerca, probabilmente perché anche gli utenti li apprezzano. Puoi attirare molta più attenzione con i video che con altri contenuti. Quando dai un nome al tuo video e scrivi una descrizione, assicurati di utilizzare le parole chiave scelte e di sfruttare appieno anche i tag. Ciò garantirà che il tuo video si posizioni in alto su Google.

Ti consiglio anche di incorporare i tuoi video nel tuo sito web e di condividerli con i tuoi contatti sui social media. Il video è altamente condivisibile e molto popolare, quindi condividerlo sui social media ha molto senso. Ad esempio, se hai una pagina Facebook per i tuoi prodotti di affiliazione e il tuo video è pertinente a quella nicchia, puoi condividerlo lì e incoraggiare anche i tuoi follower a condividerlo. Puoi anche mettere in risalto il post, assicurandoti così che il tuo video raggiunga un gruppo completamente nuovo di fan.

Come creare un corso online

C'è un argomento che conosci a fondo? Se hai trascorso anni lavorando in un particolare settore o studiando un particolare argomento, potrebbe valere la pena dedicare tempo ed energie alla creazione di un corso online.

Voglio essere onesto al riguardo: organizzare un corso online richiede un sacco di lavoro. Dovrai scrivere contenuti, creare materiali per il corso ed eventualmente anche filmare video. Se lo fai bene, il tempo necessario per creare un eBook può facilmente essere cinque volte superiore a quello necessario e questo è un grande investimento, senza dubbio.

Il motivo per cui penso che ne valga la pena è che puoi guadagnare tutto quel tempo sul back-end. Potrebbe essere necessario un tempo cinque volte superiore per impostare un corso online rispetto a un eBook, ma puoi anche realisticamente far pagare cinque o dieci volte di più. Se addebiti $ 9,99 per il tuo eBook, potresti essere in grado di vendere un corso fino a $ 149,00: un enorme margine che ti consente di ottenere entrate elevate per sempre.

Suggerimenti per la creazione di un corso

La chiave per offrire un corso online è scegliere una nicchia in cui ti senti a tuo agio, che abbia abbastanza traffico da garantire il tempo e lo sforzo che dedicherai alla creazione del corso. Un buon modo per farlo è fare una ricerca per parole chiave utilizzando Google AdWords o SemRush per identificare parole chiave a coda lunga con un volume di ricerca sufficientemente elevato da rendere utile la creazione di un corso.

Tieni presente che hai la possibilità, ancora una volta, di esternalizzare alcuni elementi della creazione del tuo corso. Puoi assumere uno scrittore per scrivere sceneggiature video per te, nonché per scrivere o modificare i materiali del corso. Se prevedi di utilizzare i video, potrebbe valere la pena assumere un videografo professionista per garantire che i tuoi video abbiano un aspetto raffinato. Molti insegnanti online fanno pagare una grande quantità di denaro per i corsi.

Se vuoi essere in grado di fare lo stesso devi assicurarti che i tuoi studenti sentano di ottenere ciò per cui hanno pagato.

Suggerimenti per commercializzare il tuo corso online

La prima cosa da considerare è dove renderai disponibile il tuo corso. Siti come Udemy e Teachable sono buone opzioni perché sono fonti ben note di formazione online. Dovrai pagare una piccola percentuale del prezzo di vendita in cambio della pubblicazione del tuo corso lì. Penso che valga la spesa. È molto più probabile che le persone cerchino un corso online su questi siti piuttosto che andare su Google.

Potresti anche prendere in considerazione i seguenti metodi per pubblicizzare il tuo corso:

- Configurazione di un sito WordPress e di un funnel di vendita per indirizzare le persone al tuo corso
- Creazione di annunci sui social media per indirizzare le persone alle tue pagine su Udemy o al tuo sito WordPress
- Impostazione di una pagina Facebook per promuovere il tuo corso: puoi condividere curiosità sulla lezione e persino pubblicare estratti di alcuni video del corso, se lo desideri
- Invia anteprime del tuo corso ai principali influencer della tua nicchia e chiedi loro di rivedere o consigliare il corso ai loro follower.

Un'altra cosa da considerare quando si tratta di organizzare un corso online è se è possibile trasformarlo in una fonte di reddito ricorrente. Un modo per farlo è creare un sito Web con un forum di discussione privato. Dopo che le persone hanno frequentato il corso, puoi offrire loro un piano di abbonamento con la promessa che fornirai loro cose come:

- Aggiornamenti sui materiali del corso
- Nuove risorse relative alla tua nicchia
- Accesso a forum riservati ai soli membri e informazioni esclusive
- Mentoring con te
- Sessioni esclusive di domande e risposte con te e altri esperti

Il vantaggio di trasformare il tuo corso in un sito di abbonamento è che se mantieni felici i tuoi membri, puoi finire per guadagnare entrate ricorrenti da loro per mesi o addirittura anni. Avrai un certo logoramento, come fa ogni sito di abbonamento, ma i benefici superano di gran lunga i rischi.

Impostazione di siti di revisione o confronto

La stragrande maggioranza delle persone che acquistano prodotti online leggono recensioni e confronti dei prodotti prima di effettuare un acquisto. Infatti, la ricerca mostra che l'80% di tutti i consumatori non effettuerà un acquisto senza leggere le recensioni e che danno tanto credito alle recensioni di sconosciuti quanto a quelle di persone che conoscono personalmente.

Questa statistica indica la strada verso una forte opportunità di guadagno in grado di fornire un servizio legittimo alle persone fornendo loro recensioni oneste sui prodotti in una particolare nicchia. Ecco come farlo:

1. Configura un sito Web per una nicchia particolare e prenditi il tempo per creare contenuti utili, inclusi post di blog, video dimostrativi, tutorial e altro ancora.
2. Ricerca alcuni dei vari prodotti nella nicchia e iscriviti al programma Affiliati di Amazon.
3. Imposta una pagina che offra confronti affiancati di prodotti o recensioni di prodotti. Puoi impostare varie opzioni. Ad esempio, un sito Web incentrato sui computer portatili potrebbe pubblicare recensioni dei cinque principali laptop in diverse categorie, tra cui opzioni aziendali, computer da gioco e computer 2 in 1 (laptop che si convertono in tablet). Accanto a ciascuna recensione o confronto , includeresti un pulsante "Acquista" che porterebbe al tuo link di affiliazione su Amazon.

Il vantaggio di un sito come questo è che offre alle persone un modo semplice per effettuare confronti affiancati, cosa difficile da fare su Amazon perché gli utenti dovrebbero passare da una pagina all'altra per cercare di farsi un'idea delle differenze e delle somiglianze. tra i prodotti. Se ti prendi il tempo per elencare le funzionalità e fornire un feedback onesto sui pro e contro di ciascun prodotto, abbinandolo a un forte invito all'azione alla fine che incoraggia le persone a fare una scelta e fare clic per acquistare, puoi guadagnare un bel reddito Da questa parte.

La chiave per impostare una pagina di confronto o di recensione è che le recensioni che elenchi devono essere reali. Non sarà sufficiente ribadire semplicemente le caratteristiche del prodotto così come sono elencate su Amazon. Devi dare ai tuoi clienti uno sguardo reale su come funziona il prodotto. In un mondo ideale, proveresti tu stesso tutti i prodotti. Se stai commercializzando prodotti relativamente economici, come prodotti per lo sbiancamento dei denti o gadget da cucina, potresti essere in grado di fare esattamente questo. Tuttavia, se stai confrontando i laptop, provarli tutti potrebbe rivelarsi complicato.

Se non puoi provare tu stesso i prodotti, devi ricercarli a fondo e cercare di includere quante più informazioni possibili sull'esperienza di utilizzo del prodotto in questione. Leggere i resoconti dei consumatori e le recensioni di Amazon, nonché le recensioni in pubblicazioni di nicchia, è un buon modo per iniziare.

Ti consiglio di utilizzare le informazioni nei capitoli precedenti per impostare un sito WordPress per la tua pagina di confronto, ottimizzare il sito utilizzando le parole chiave scelte e promuovere la tua pagina sui social media e sui siti specializzati nella tua nicchia. Poiché il tuo obiettivo è fare in modo che qualcuno effettui un acquisto dalla tua pagina, ti consiglio di utilizzare parole chiave a coda lunga che includano parole come:

- Confrontare
- Confronto
- Revisione
- Acquistare
- Migliore
- Superiore

Queste parole ti aiuteranno ad attirare traffico altamente qualificato, ovvero persone che sono molto vicine al punto in cui sono pronte per effettuare un acquisto. Ciò che fornisci loro è un modo semplice per confrontare i prodotti senza dover alternare avanti e indietro tra diversi siti o pagine. La comodità è importante e il tuo sito può essere la soluzione al problema dello shopping comparativo di qualcuno.

Lo svantaggio qui è, ovviamente, il tempo necessario per configurare il sito e farlo funzionare. Una volta superato questo ostacolo, il sito dovrebbe richiedere solo una manutenzione periodica. Dovresti continuare a pubblicare post sul tuo blog e condividere altre informazioni e dovrai anche aggiornare periodicamente le tue recensioni man mano che i prodotti vengono interrotti e ne vengono aggiunti di nuovi.

Crea il tuo prodotto

Abbiamo già parlato della vendita di prodotti di affiliazione, ma questa idea porta il concetto a un livello superiore. Una rapida lettura di ClickBank rivela che esistono migliaia di prodotti fisici e digitali che puoi commercializzare come affiliato. La cosa da ricordare su questi prodotti è che ognuno di essi ha un creatore del prodotto dall'altra parte, qualcuno che guadagna un reddito da ogni prodotto venduto da ogni affiliato. È ovvio che se gli affiliati guadagnano un buon reddito vendendo quei prodotti, il creatore del prodotto guadagna ancora di più.

Immagina di creare un prodotto: diciamo che è una combinazione di un eBook con alcuni video, nonché un prodotto fisico come un'attrezzatura per la perdita di peso o qualcosa del genere. Imposta il prezzo del tuo prodotto a $ 99. Per cominciare, vendi tu stesso il prodotto utilizzando il tuo sito web. Mentre decolla, prendi la decisione di impostare un programma di affiliazione che offre una commissione del 50% per ogni prodotto venduto.

Il vantaggio di farlo è che hai il potenziale per vendere molti più prodotti di quelli che hai venduto da solo. Tutto quello che devi fare è fornire ai tuoi affiliati alcuni materiali di marketing. Ad esempio, potresti dare loro:

- Un modello di pagina di destinazione
- Testo dell'annuncio e immagini da utilizzare
- Copia da utilizzare nelle loro campagne e-mail

I tuoi affiliati devono spendere tempo e denaro per commercializzare i tuoi prodotti. Sì, devi dividere con loro il prezzo di acquisto 50/50. Tuttavia, ora stai facendo pochissimo marketing. Se raccogli 10 affiliati, potresti (almeno in teoria) vendere dieci volte più prodotti di prima. Le tue spese generali sono inferiori perché non stai pagando per la pubblicità. L'importo ridotto che guadagni per ogni prodotto che vendi è più che pagato dall'aumento del volume delle vendite.

Suggerimenti per la creazione di un prodotto

Il primo passo è concettualizzare il tuo prodotto. Abbiamo già spiegato come trovare una nicchia e, se hai intenzione di creare un prodotto, è importante farlo in una nicchia in cui disponi già di una certa conoscenza e autorità: questo è ciò che spingerà le persone a comprare da te.

Un metodo che consiglio è guardare i migliori prodotti su ClickBank e cercare le lacune. Quali cose non sono coperte dai prodotti disponibili? C'è qualcosa menzionato nelle recensioni dei migliori prodotti che indica un punto debole o un'opportunità? Il tuo compito è trovare un'apertura che permetta al tuo prodotto di distinguersi dalla massa.

Una volta che hai concettualizzato il tuo prodotto, dovrai crearlo. Come nel caso della creazione di un corso online, il lavoro coinvolto nella creazione e produzione di un prodotto può essere ampio. Se parte del tuo prodotto è un eBook, hai la possibilità di esternalizzarlo a un ghostwriter, se preferisci. Se includi sia un prodotto digitale che un prodotto fisico, dovrai trovare qualcuno che realizzi il prodotto per te.

Suggerimenti per commercializzare il tuo prodotto

Quando inizi a vendere il tuo prodotto per la prima volta, lo venderai tu stesso. Puoi creare un sito WordPress, promuoverlo sul tuo blog e inviare campioni gratuiti agli influencer del settore per recensire il prodotto. È necessario pensare anche alla distribuzione. Un prodotto puramente digitale può essere semplicemente scaricato dalla tua pagina "Grazie". Tuttavia, è probabile che un prodotto fisico debba essere spedito tramite dropshipping dal produttore o da una società di dropship.

Se il tuo prodotto si vende bene, potresti voler aggiungere aggiornamenti e miglioramenti e, infine, prendere in considerazione la creazione di un tuo programma di affiliazione. Dovrai pagare agli affiliati una commissione decente per vendere il tuo prodotto, ma il vantaggio di farlo è che possono fare il marketing e altri lavori per te mentre ti rilassi e riscuoti le tue entrate.

Spero che tu possa vedere i vantaggi di dedicare del tempo alla creazione di flussi di reddito passivo. Lo sforzo che fai per configurarli è relativamente minore rispetto al potenziale di guadagno a lungo termine. Anche le opzioni che richiedono più tempo, come la creazione di un prodotto o un corso online, possono ripagare molte volte se fai un buon lavoro.

Tieni presente che è sempre preferibile che il tuo reddito provenga da più di un luogo. Se crei un prodotto e il suo mercato svanisce, ti ritroverai a lottare per sostituire quel reddito. Se hai più flussi di reddito, uno può esaurirsi e starai comunque bene. Ciò significa che avrai il miglior scenario possibile per una libertà finanziaria prolungata perché non dovrai preoccuparti di perdere il tuo reddito come faresti se lavorassi dalle nove alle cinque.

Conclusione

Grazie per aver letto Reddito passivo. Spero che dopo aver letto questo libro ti sentirai entusiasta ed energico riguardo alle possibilità che il guadagno passivo può aprirti.

Quando inizi a impostare i tuoi primi flussi di reddito passivo, voglio darti alcuni consigli per aiutarti a far circolare rapidamente il denaro:

1. Inizia scegliendo una nicchia in cui hai una certa esperienza e creando un blog. Aggiungi prima un po' di contenuto e imposta una pagina Facebook e un feed Twitter per pubblicizzare il tuo blog.
2. Ricerca prodotti di affiliazione e aggiungili al tuo blog. Ti consiglio di iniziare con un blog e prodotti di affiliazione perché è uno dei modi più rapidi per far circolare i soldi. Potrebbe iniziare lentamente, ma qualsiasi inizio è buono. Puoi e dovresti fare questo passo prima di rinunciare al tuo lavoro quotidiano.
3. Guarda cosa vuoi fare dopo per espandere il tuo blog. Se ami scrivere e hai un'idea per un breve eBook, considera di farne il prossimo passo. Puoi pubblicare il libro gratuitamente utilizzando il collegamento alla piattaforma di pubblicazione Kindle nell'elenco delle risorse e puoi vendere l'eBook sul tuo sito e su Amazon.
4. Da lì, espandi creando un canale YouTube, aggiungendo una pagina di recensione e confronto al tuo sito web, creando un corso online o persino creando un prodotto. È una buona idea iniziare prima con alcuni dei metodi di reddito passivo meno dispendiosi in termini di manodopera in modo da avere una base di reddito, quindi passare ad alcune delle opzioni più dispendiose in termini di tempo che ho delineato per te.
5. Infine, fai quello che puoi per creare flussi di reddito ricorrenti offrendo un sito di abbonamento o un altro prodotto ricorrente. Quando arrivi a questo livello, puoi iniziare a guadagnare denaro significativo senza dover lavorare molto.

La conclusione è che guadagnare un reddito passivo può indicare la strada verso la libertà finanziaria se ti prendi il tempo per farlo bene. Non sarà facile. Dovrai essere disposto a impegnarti in una discreta quantità di lavoro per sistemare le cose, ed è importante avere gli occhi lucidi al riguardo. Tuttavia, una volta che avrai messo in moto le cose, penso che rimarrai stupito di quanti soldi potrai guadagnare utilizzando i metodi descritti in questo libro.

Ti auguro buona fortuna. Goditi la tua libertà finanziaria!

PATRIZIO GREECE